LE CINQUE FORZE DI PORTER

INFORMAZIONI CHIAVE

- **Nomi:** le cinque forze di Porter

- **Usi:** analisi dell'ambiente competitivo di un'industria

- **Perché ha successo?** Questo modello consente di:

  - comprendere il settore e la natura delle relazioni tra i vari partecipanti al mercato in cui l'azienda opera;

  - identificare le prestazioni e i fattori di influenza del settore;

  - valutare come i cambiamenti all'interno di un settore possano influire sulla sua redditività.

- **Parole chiave:**

  - <u>Concorrenza</u>: aspetto significativo di un mercato caratterizzato dalle aziende che vi si posizionano, in lotta tra loro per detenere la maggiore quota di mercato.

  - <u>Vantaggio competitivo</u>: il valore creato dall'azienda e percepito dai clienti che la differenzia dagli altri operatori del settore e che porta una migliore redditività, una forza di differenziazione per la negoziazione.

LE CINQUE FORZE DI PORTER

Comprendere le forze competitive e rimanere in testa alla concorrenza

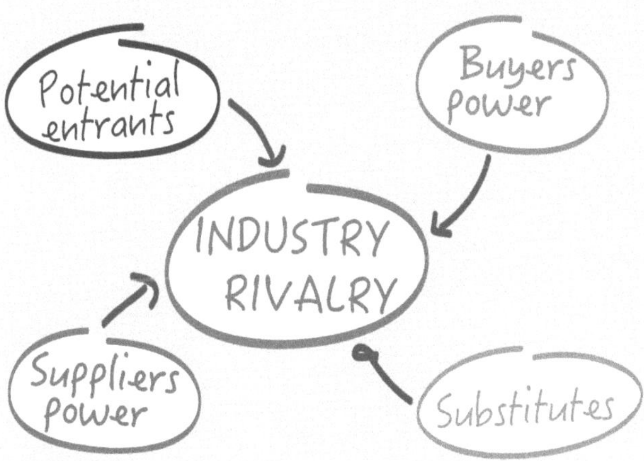

50MINUTES.com

LE CINQUE FORZE DI PORTER

Comprendere le forze competitive e rimanere in testa alla concorrenza

scritto da Stéphanie Michaux
tradotto par Sara Rossi

50MINUTES.com

- Concentrazione industriale: il potere di alcuni partecipanti in settori specifici. Se solo poche aziende si dividono il mercato, il settore si dice concentrato.

- Redditività: il rapporto tra l'investimento iniziale e i risultati finanziari.

- Strategia: determinazione di un insieme di azioni da intraprendere e di risorse da utilizzare per raggiungere gli obiettivi inizialmente fissati nel lungo periodo e per convergere verso la creazione di una posizione unica e desiderabile in un ambiente competitivo.

- Costi di trasferimento: detti anche "costi di passaggio", sono le risorse che dovranno essere investite durante la transizione da un sistema/processo/tecnologia, ecc.

INTRODUZIONE

Poiché tutte le aziende si evolvono in un ambiente competitivo, la differenziazione è diventata fondamentale e talvolta vitale. Oltre a stare costantemente attenta a non perdere le quote di mercato già acquisite per una business unit strategica (SBU), l'azienda deve continuamente riaffermare le proprie differenze per mantenere e creare il proprio vantaggio competitivo.

Sviluppato nel 1979 da Michael E. Porter (nato nel 1947), professore di strategia aziendale ad Harvard, il modello delle cinque forze consente ai dirigenti d'azienda di anticipare le tendenze all'interno di un settore e i cambiamenti nella concorrenza, al fine di influenzarli con scelte strategiche che consentano loro di ottenere o mantenere un vantaggio competitivo.

Definizione del modello

Il modello delle cinque forze è uno strumento essenziale per comprendere la struttura competitiva di un settore. Questo semplice strumento analitico è efficace per identificare i concorrenti – in senso lato – di un'azienda, ma anche per capire come questi possano ridurre la sua capacità di generare profitti.

L'analisi completa prende in esame cinque forze: il potere contrattuale dei clienti, il potere contrattuale dei fornitori, la minaccia di prodotti sostitutivi, la minaccia di nuovi operatori e la concorrenza all'interno del settore. I primi quattro elementi operano indipendentemente l'uno dall'altro, intensificando la rivalità all'interno del settore.

TEORIA

Nel corso degli anni '70, Michael E. Porter ha scritto e pubblicato una serie di articoli dedicati alla strategia che hanno portato alla pubblicazione del libro *Competitive Strategy: Techniques for Analyzing Industries and Competitors*, una bibbia della strategia che da allora è stata tradotta in 19 lingue diverse. Nel libro ha sviluppato un potente modello che ha rivoluzionato la teoria, la pratica e l'insegnamento della strategia in tutto il mondo: il modello delle cinque forze.

Questo approccio si concentra sulle diverse forze che modellano e influenzano l'ambiente competitivo di un settore. Da un punto di vista strategico, questa tecnica di analisi è fondamentale per determinare il posizionamento di un'azienda in un mercato, ma anche per combattere la concorrenza. È necessario identificare chiaramente:

- il rapporto dell'azienda con gli altri operatori del settore, tra cui:
    - clienti
    - fornitori
    - produttori di prodotti sostitutivi
    - potenziali nuovi operatori
    - concorrenti

- e quindi, le cinque forze:
  - potere contrattuale dei clienti
  - potere contrattuale dei fornitori
  - minaccia di prodotti sostitutivi
  - minaccia di nuovi operatori
  - rivalità intra-industriale.

POTERE CONTRATTUALE DEI CLIENTI

L'influenza dei clienti in un ambiente competitivo dipende dalla loro capacità di negoziare. Questo può infatti costringere le aziende ad abbassare i prezzi, a richiedere una maggiore qualità o servizi aggiuntivi, o anche a trarre vantaggio dalla concorrenza tra i diversi attori. In questo modo, i consumatori influenzano direttamente la redditività del mercato, poiché hanno un impatto sui costi del prodotto.

I clienti hanno ancora più potere se:

- ci sono solo pochi clienti o acquistano grandi volumi;

- I prodotti disponibili sul mercato sono standardizzati e si differenziano pochissimo dai prodotti della concorrenza;

- il costo di trasferimento da un fornitore all'altro è basso;

- possono integrare direttamente le attività del fornitore nella propria catena di produzione.

POTERE CONTRATTUALE DEI FORNITORI

Allo stesso modo, i fornitori possono avere un impatto sulla redditività di un'azienda imponendo le proprie condizioni (in termini di costi o qualità) allo stesso modo dei clienti.

Il potere dei fornitori è significativo quando:

* sono particolarmente concentrati o in situazione di monopolio;

* hanno molti clienti di diversi settori;

* il costo di trasferimento è elevato;

* offrono prodotti differenziati e non esistono prodotti sostitutivi a quelli offerti;

* sono in grado di incorporare più attività nel loro core business più a valle della catena di fornitura.

I fornitori hanno un potere diretto su un'industria, (ri) negoziando i termini di un contratto tra loro e i loro clienti (aziende) e cercando costantemente i prezzi migliori.

MINACCIA DI PRODOTTI SOSTITUTIVI

I prodotti sostitutivi offrono alternative all'offerta esistente in un settore. Rispondono a esigenze simili in modo diverso o innovativo. Ad esempio, l'e-mail sostituisce la posta ordinaria, così come l'MP3 sostituisce il Walkman.

Presenti in ogni settore, i prodotti sostitutivi diventano una vera e propria minaccia quando:

- offrono una qualità migliore;
- il costo del passaggio al prodotto sostitutivo è basso;
- il prezzo del prodotto sostitutivo è più basso.

Più in generale, i prodotti sostitutivi rappresentano una minaccia, in quanto guadagnano quote di mercato ed esercitano una pressione sui prezzi.

MINACCIA DI NUOVI OPERATORI

I nuovi operatori scuotono il mercato raggiungendo una posizione precedentemente non occupata, offrendo un valore maggiore ai nuovi consumatori. Il loro desiderio di conquistare nuove quote di mercato aumenta la pressione sui prezzi e le politiche sui costi e sui tassi di investimento.

La minaccia di nuovi operatori è più forte quando:

- non ci sono brevetti per proteggere le tecnologie, il che consente un facile accesso alle stesse;
- barriere all'ingresso e i requisiti di capitale sono molto bassi;
- le economie di scala sono deboli;
- ci sono poche barriere culturali;
- i costi di sostituzione per il cliente sono bassi;

- le aziende già affermate in questo settore non hanno un'immagine di marca molto forte;

- i clienti non sono necessariamente fedeli alle aziende che li riforniscono;

- la probabilità di vendetta da parte di attori già affermati sul mercato è bassa;

- il governo fornisce aiuti e sussidi ai nuovi operatori.

 Barriere all'ingresso

All'interno di un settore, l'espressione "barriera all'ingresso" indica il livello di difficoltà – dovuto a ostacoli naturali o artificiali – che deve affrontare un operatore che vuole entrare in un settore, in particolare in termini di investimento iniziale richiesto. Gli ostacoli artificiali possono essere posti dagli operatori già presenti sul mercato. Elevate barriere all'ingresso garantiscono agli operatori originari una certa protezione nei confronti dei nuovi entranti.

Per quanto riguarda le barriere all'uscita, esse sono di natura psicologica in quanto riguardano, per il cliente, lo sforzo necessario per lasciare la sfera di influenza di un prodotto per entrare in quella di un altro prodotto.

RIVALITÀ INTRA-INDUSTRIALE

Al centro del modello, la rivalità interna del settore può essere influenzata e valutata dalle altre forze del modello. I concorrenti sono costantemente in lotta all'interno del settore per accrescere o semplicemente mantenere la propria posizione in questo campo. La concorrenza interna può assumere molte forme e sfociare in azioni quali:

- prezzi più bassi;

- introduzione di nuovi prodotti;

- campagne pubblicitarie;

- miglioramento della gamma di prodotti e servizi.

L'intensità della concorrenza dipende dal numero di aziende attive nel settore, dalle loro rispettive dimensioni e dall'entità della loro quota di mercato. Essa può aumentare se:

- il settore non è concentrato, cioè quando i concorrenti sono numerosi e di dimensioni comparabili;

- il tasso di crescita del settore è debole;

- le barriere all'ingresso sono basse e/o le barriere all'uscita sono alte;

- il grado di differenziazione del prodotto è basso;

- i costi fissi sono elevati.

La configurazione delle cinque forze varia per ogni settore. A seconda dell'intensità, della gerarchia e della dinamica di queste forze, sarà possibile identificare i fattori critici di successo (CSF), ossia gli elementi strategici da controllare per garantire un vantaggio competitivo sostenibile.

Quanto più intense sono le forze, tanto minore è il margine di manovra delle aziende: esse presentano un ritorno sugli investimenti meno interessante. Al contrario, quanto più deboli sono le forze, tanto più redditizie saranno le aziende, in quanto protette dai loro concorrenti. È quindi fondamentale investire in attività che beneficiano di vantaggi competitivi sostenibili per garantire la redditività di un progetto e consentire a un'azienda di mantenere i propri margini e la propria quota di mercato.

Pertanto, la performance di un'azienda dipenderà dalla sua capacità di combattere e influenzare questo ambiente competitivo.

LIMITAZIONI ED ESTENSIONI

Il contributo chiave di Porter risiede nella classificazione dei diversi fattori economici che influenzano i profitti di un'industria, in un modello che include l'integrazione verticale della catena del valore e la concorrenza all'interno di un mercato.

Tuttavia, il modello di Porter presenta anche dei limiti e può essere criticato per diversi motivi.

LIMITI E CRITICHE

Un modello povero e incompleto

Diversi articoli e pubblicazioni scientifiche hanno messo in discussione la pertinenza delle cinque forze di Porter. Tra le critiche più frequenti troviamo:

- **Sottovalutazione delle opportunità.** Concentrandosi solo sulle minacce esistenti, future e sulla difesa della quota di mercato, il modello delle cinque forze lascia poco spazio all'analisi delle opportunità all'interno di un mercato. Non tiene conto delle dinamiche delle interazioni e delle possibili partnership tra gli attori di un settore.

- **Trascurare la creazione di valore.** Nel suo modello, Porter si concentra principalmente sulle barriere all'ingresso e sulla struttura del mercato per garantire profitti superiori alla media. Tuttavia, nel farlo, trascura il concetto centrale di creazione di valore per i clienti e lo sviluppo di nuovi prodotti e servizi all'interno dell'azienda.

- **Primato del settore.** Concentrando il suo approccio sulla struttura di un settore, il modello di Porter si dimostra identico per tutti i concorrenti attivi nello stesso mercato. Pertanto, in un'analisi competitiva allargata diventa necessario prendere in considerazione altri parametri, come ad esempio i punti di forza e le competenze chiave delle organizzazioni attive nel settore. Infatti, le aziende possono occupare posizioni uniche e invidiabili all'interno del loro mercato, posizioni che possono isolarle da alcune forze.

- **Trascurare la variazione della domanda.** Il modello di Porter ignora i fattori che possono influenzare la domanda. Non tiene quindi conto di principi economici come le variazioni di reddito o i gusti dei consumatori.

- **Analisi qualitative.** Per la sua natura qualitativa, il modello di Porter non consente di stimare con precisione l'intensità delle forze. Ad esempio, sebbene l'applicazione del modello possa suggerire che la minaccia di nuovi ingressi sia elevata, non offre uno strumento per calcolare la probabilità di tali ingressi. Per questo motivo, il modello è particolarmente utile per identificare le tendenze e i cambiamenti all'interno di un settore.

Un modello superato

Altri analisti arrivano a sostenere che il modello delle cinque forze è incompatibile con un'economia globalizzata e con lo sviluppo delle nuove tecnologie. In linea con la visione di una strategia basata sulla concorrenza e sull'importanza delle barriere all'ingresso, questo modello è minato dall'economia attuale, che lascia spazio a nuovi operatori in forme diverse e si rinnova regolarmente. Negli ultimi anni abbiamo assistito più volte all'annullamento del vantaggio competitivo delle grandi imprese a causa di innovazioni radicali. Ad esempio, Kodak, un tempo leader nel settore della fotografia professionale, è stata costretta a dichiarare bancarotta nel gennaio 2012.

Allo stesso modo, il modello delle cinque forze di Porter non include le sinergie e le interdipendenze dei portafogli delle grandi aziende che esistono in un'economia globalizzata.

MODELLI ED ESTENSIONI CORRELATE

Le cinque forze di Porter (+1)

Il modello originale di Porter può essere integrato da una sesta forza, la cui influenza è tutt'altro che trascurabile: le autorità pubbliche. In questo caso, ci riferiamo al modello delle cinque (+1) forze.

Sebbene non sia stato incluso nel primo modello, se non sotto forma di fornitore o cliente, il governo deve comunque essere preso in considerazione per il suo ruolo di regolamentazione. Infatti, le aziende che si confrontano in un mercato sono costrette a conformarsi al quadro giuridico specifico di ogni territorio geografico. In questo modo, anche parametri come norme e regolamenti, tasse o relazioni diplomatiche mantenute da uno Stato strutturano il mercato.

Nel suo lavoro più recente, Porter rifiuta questa estensione del modello. Secondo lui, il governo non può essere considerato una forza, ma un fattore. Il modo migliore per comprendere l'impatto di un governo sull'economia è analizzare come le misure adottate dalle autorità pubbliche di uno Stato possano influenzare le cinque forze.

Come nel caso delle autorità pubbliche, Porter sottolinea anche l'importanza dei "supplementi". Questi prodotti e servizi sono utilizzati in modo complementare ai prodotti offerti dall'industria studiata. I supplementi entrano in gioco quando il beneficio dei due prodotti combinati è maggiore del valore di ciascun prodotto separatamente. Possono svolgere un ruolo significativo, soprattutto nel settore delle nuove tecnologie (ad esempio, software specifici nel settore delle telecomunicazioni), perché influenzano la domanda.

APPLICAZIONE PRATICA

CONSIGLI E SUGGERIMENTI

Per analizzare efficacemente la natura di un'industria, è utile procedere per gradi.

Definire il settore studiato

Per definire un'industria, dobbiamo concentrarci su due elementi chiave: i prodotti e l'area geografica. Quali prodotti devono essere presi in considerazione in questa analisi? Quali prodotti vanno trascurati, perché appartengono a un altro settore? In quale area geografica operano i concorrenti?

Identificare i componenti del modello

È quindi necessario identificare ogni forza attraverso domande specifiche. Rispondere a queste domande vi permetterà di identificare le tendenze e le minacce che rappresentano. È importante rispondere a queste domande in due fasi, in primis per visualizzare la situazione attuale e in secundis per anticipare le tendenze future.

Clienti o gruppi di clienti

- In che misura il settore dei miei clienti è concentrato?

- Qual è il volume degli acquisti effettuati da questi gruppi di clienti?

- Possono ricorrere a prodotti sostitutivi?

- Effettuano investimenti specifici per facilitare le transazioni con determinati partner?

- Minacciano davvero di integrare le attività produttive a valle?

- I prezzi possono essere negoziati tra clienti e fornitori per ogni ordine?

Fornitori

- L'industria fornitrice è più concentrata di quella studiata?

- Qual è il volume degli acquisti effettuati dall'industria studiata?

- Le aziende del mio settore effettuano investimenti specifici per sostenere le transazioni con questi fornitori?

- Minacciano di integrarsi a monte della catena?

- Sono costretti ad aumentare i prezzi?

- È facile per loro trovare nuovi clienti?

- I marchi dei miei fornitori sono forti?

Concorrenti esistenti

- Qual è la struttura del concorso?

- Qual è il grado di differenziazione del prodotto?
- Quali sono gli obiettivi strategici dei concorrenti?
- Qual è il tasso di crescita del settore?
- Qual è la struttura dei costi dell'industria studiata?
- Quanto sono concentrati i venditori?
- Esistono differenze di costo significative tra i concorrenti?
- Le aziende possono adeguare facilmente i loro prezzi?
- Ci sono barriere all'uscita?
- Il prezzo della domanda è regolabile?
- I concorrenti sono in eccesso di capacità?

Prodotti sostitutivi

- Questi prodotti sono disponibili? Ce n'è un gran numero?
- Qual è il rapporto qualità-prezzo percepito di questi prodotti?
- In che misura il prezzo della domanda è flessibile?
- Ci sono integratori?
- Qual è il loro rapporto qualità-prezzo?

Nuovi entrati

- Di quale capitale hanno bisogno per entrare nel mercato?

- Esistono notevoli economie di scala?

- Qual è il livello della loro immagine di marca?

- Hanno un facile accesso alle reti di distribuzione?

- Hanno un facile accesso alle materie prime?

- Hanno facile accesso alla tecnologia pertinente?

- Sono sostenuti dalle autorità pubbliche?

- Qual è il loro obiettivo?

È necessario dare priorità alle diverse forze in modo che il modello risultante sia adatto al settore studiato.

Identificare i fattori trainanti di ciascuna forza e determinarne il grado di intensità.

Ogni forza deve essere messa in discussione: è abbastanza influente da condizionare il settore riducendo o logorando i profitti? Il peso di queste forze permette di determinare la capacità di un'azienda di realizzare profitti. Maggiore è l'intensità di queste 5 o 6 forze, più le opportunità di profitto saranno limitate, poiché il mercato sarà considerato stagnante. Al contrario, se le forze sono deboli, è teoricamente possibile generare margini significativi.

Si noti che non sempre le industrie – o i settori – ad alta crescita sono interessanti. Sebbene offrano molte opportunità, c'è il rischio di una forte concorrenza in un futuro prossimo o lontano.

Determinare e valutare la struttura del settore

- Qual è il grado di redditività?

- Chi controlla e influenza le forze?

- Per quanto tempo sarà rilevante questa analisi?

Analizzare i cambiamenti recenti e potenziali del settore

I cambiamenti all'interno di un settore possono essere repentini, quindi occorre tenerne conto e aggiornare continuamente i criteri di analisi. L'analisi può portare alla luce i fattori critici di successo, che permetteranno all'azienda di sviluppare un vantaggio competitivo sostenibile e fondamentale.

 **BUONO A SAPERSI**

Durante questa analisi possono verificarsi molti errori dovuti a:

nessuna definizione accurata del settore;

elencare gli attori piuttosto che impegnarsi in una vera e propria analisi;

nessuna considerazione dell'evoluzione del settore;

confondere gli effetti e le cause;

trascurare le tendenze in atto nel settore.

Inoltre, tale analisi dovrebbe fare riferimento ai principi economici che si applicano a ciascuna forza. Gli strumenti di analisi per la concorrenza intra-industriale, i nuovi entranti e i prodotti sostitutivi includono la teoria dei giochi e l'organizzazione industriale. Per quanto riguarda lo studio dell'influenza di clienti e fornitori, esso deriva dalla teoria delle relazioni verticali aziendali.

Il modello è soprattutto una base per effettuare scelte strategiche. Molte decisioni di questo tipo possono quindi derivare da un'analisi di questo tipo e tra le più comuni ci sono:

- **Il (ri)posizionamento dell'azienda.** Dopo l'analisi e al fine di superare i propri concorrenti, i manager possono scegliere di (ri)posizionare la propria azienda differenziandosi, attraverso i costi o un altro vantaggio competitivo che permetta loro di sfuggire all'influenza di determinate forze e quindi di garantire profitti a lungo termine.

- **Possesso di un nuovo segmento industriale non sfruttato.** Investendo in una nicchia ancora non sfruttata, un'azienda può assicurarsi un maggiore ritorno sull'investimento.

- **Influenzare le forze a proprio favore.** Anche se questa manovra è piuttosto difficile, un'azienda può cercare di cambiare e influenzare le forze a suo favore, principalmente siglando partnership con altri stakeholder per ridurre il livello di concorrenza all'interno del settore o acquistando nuovi operatori. Per ridurre il potere dei fornitori, un'azienda può decidere di incorporare alcune delle loro attività nella propria catena del valore.

Infine, dal punto di vista imprenditoriale, questa analisi sarà coinvolta in un'analisi strategica molto più ampia e comprenderà, ad esempio, le analisi SWOT (punti di forza, debolezza, opportunità e minacce) e PESTLE (politiche, economiche, socio-culturali, tecnologiche, legali e ambientali), che consentono di individuare le opportunità e le minacce che possono manifestarsi in un settore.

CASO DI STUDIO: IL SETTORE DEGLI E-READER

Per illustrare la teoria, analizziamo il mercato degli e-reader (o lettori di libri elettronici).

👁 LO SAPEVATE?

L'e-reader è un dispositivo elettronico che ha come unico scopo quello di fungere da supporto per la lettura di un libro digitale (e-book). Ideato negli anni Novanta da due studiosi italiani, questo prodotto non ha riscosso il successo sperato quando è stato commercializzato in Francia alla fine degli anni Novanta. Solo alla fine degli anni Duemila si è diffusa una maggiore varietà di e-book, prima negli Stati Uniti e poi in Europa. La Francia, sebbene più lenta dei paesi anglosassoni nell'adozione del nuovo prodotto, conta oggi un numero sempre crescente di lettori digitali.

L'industria del libro, che negli ultimi anni è cambiata radicalmente a causa della difficile situazione economica, deve affrontare sfide importanti. Tra queste, la più significativa è il notevole sviluppo del commercio online e la chiusura di molte librerie. L'emergere della lettura digitale mette in discussione i modelli di business tradizionali. Nel 2012, le vendite annuali di e-reader negli Stati Uniti sono state 25 milioni e si stima che nel 2013 il 32% degli americani possiederà un e-reader e più della metà un tablet. Il mercato degli e-reader è ormai considerato maturo.

Quali sono le forze sottostanti a questo particolare settore? Quali attori esercitano pressioni? Quali aziende accelerano le tendenze?

- **Potere contrattuale dei clienti.** In questo caso – quello dei lettori digitali –, l'intensità di questa forza è considerata media. Dato il numero ridotto di venditori per un numero molto elevato di lettori, l'impatto del passaggio dei clienti a un altro tipo di dispositivo di lettura è solo moderato. Infatti, il volume medio di acquisto di un lettore digitale non è abbastanza significativo da destabilizzare un operatore del settore in caso di cambiamento. Tuttavia, il costo di trasferimento, che in questo caso corrisponde allo sforzo che il lettore deve compiere per passare a un concorrente, è relativamente alto visti gli ecosistemi attualmente esistenti; il lettore tende infatti a preferire la libreria associata al suo e-reader. Pertanto, se l'acquirente si separa dal suo primo modello (ad esempio Kindle, associato alla libreria Amazon), troverà molto difficile trasferire i libri che già possiede sul nuovo dispositivo di lettura se opta per un'altra marca.

- **Potere contrattuale dei fornitori.** Anche il potere contrattuale dei fornitori con le aziende attive sul mercato degli e-reader è relativamente basso, poiché è molto improbabile che integrino le attività più a valle della loro catena di fornitura. Inoltre, se i fornitori dovessero aumentare i prezzi in modo significativo, le aziende non avrebbero problemi a trovare altri fornitori altrettanto qualificati, dato che questo settore è molto concentrato.

- **Prodotti sostitutivi.** Poiché molti altri prodotti possono sostituire gli e-reader, a partire dai libri di carta e dai tablet, è difficile fidelizzare i clienti nel lungo periodo. In particolare, gli e-reader, che da diversi anni non registrano sviluppi tecnologici, rischiano di essere superati dagli smartphone, che non solo hanno caratteristiche simili, ma anche aggiuntive. Più in generale, la lettura è in concorrenza con tutte le offerte di svago. La minaccia di prodotti sostitutivi è particolarmente elevata, poiché ogni anno si registra una diminuzione del numero di lettori.

- **Nuovi operatori.** Questo mercato, che è un mercato di nicchia, non può sostenere un numero eccessivo di nuovi operatori. Alcuni gruppi di precursori sono già ben consolidati in questo mercato maturo e occupano ampie porzioni di mercato a livello mondiale, per cui è relativamente difficile competere con loro. In effetti, per i nuovi operatori la sfida è duplice, poiché devono disporre di un capitale finanziario molto elevato fin dall'inizio per la produzione e devono generare un volume molto elevato di unità per avere successo nei mercati di scala. Questo scenario è possibile solo se il valore creato da questi nuovi operatori è percepito in modo massiccio dai clienti, che potrebbero considerarlo un vantaggio essenziale. La minaccia di nuovi operatori è relativamente bassa.

- **Concorrenza intra-industriale.** L'industria degli e-reader è altamente competitiva, con un piccolo numero di operatori globali che si dividono il mercato. Il Kindle di Amazon, con un tasso di penetrazione di circa il 40%, domina senza dubbio il mercato. Fino a poco tempo fa era seguito da PanDigital, Nook di Barnes and Noble e Sony, mentre gli altri detenevano solo il restante 20%. La rivalità si è accentuata quando, nel febbraio 2014, Sony ha annunciato la fine della produzione dei suoi e-reader negli Stati Uniti, sopraffatta dalla pressione particolarmente elevata specifica del mercato degli e-reader, che era particolarmente forte. La sua base di clienti è stata quindi trasferita al suo ex rivale, Kobo.

L'industria degli e-reader ha raggiunto la maturità in pochi anni. Ora nelle mani di pochi attori che si fanno una guerra spietata, è già inondato da un numero allarmante di sostituti. È quindi molto probabile che a breve assisteremo a un leggero calo della redditività di questo mercato, ma anche a una graduale riduzione degli investimenti in questo settore a favore di altre tecnologie simili con prospettive più promettenti. Amazon, consapevole di questo cambiamento, sembra aver già preso alcune decisioni strategiche in tal senso con il lancio dei suoi tablet e smartphone.

SINTESI

- Sviluppato da Michael E. Porter nel 1979 e considerato uno dei fondamenti teorici della strategia attuale, questo modello consente di analizzare l'ambiente competitivo di un settore.

- Cinque forze – il potere contrattuale di clienti e fornitori, la minaccia di prodotti sostitutivi, l'ingresso di nuovi concorrenti e, infine, la rivalità all'interno del settore – sono articolate in questo modello per fornire alle aziende le linee guida per la considerazione e la capacità di comprendere le interazioni all'interno del loro settore.

- Oltre ad aiutare a visualizzare la concorrenza e ad apprezzare la redditività di un settore, questo modello supporta la riflessione dei leader aziendali che desiderano affinare le proprie strategie a lungo termine.

- Per quanto valido, il modello di Porter presenta tuttavia dei limiti, tra cui la tendenza a sottovalutare le opportunità, la supremazia del settore rispetto all'azienda e a trascurare i fattori che influenzano la domanda.

- Il modello può essere accompagnato da una sesta forza: il governo. Infatti, questo può influenzare le relazioni economiche tra gli attori all'interno di un'industria, e quindi influenzare indirettamente la sua redditività.

ULTERIORI LETTURE

BIBLIOGRAFIA

Besanko, D., Dranove, D., Shanley, M. e Schaefer, S. (2013) *Economia della strategia.* [6a edizione]. Hoboken: Wiley.

Magretta, J. (2011) *Comprendre Michael Porter. Concurrence. Stratégie.* Parigi: Eyrolles.

Porter, M. E. (1986) *Competition in Global Industries.* Boston: Harvard Business Press.

Porter, M. E. (2008) *Strategia competitiva.* New York: Free Press.

Porter, M. E. (2008) Le cinque forze competitive che modellano la strategia. *Harvard Business Review.* [Online]. Accessed 5 December 2016]. Disponibile da: < http://www.exed.hbs.edu/assets/documents/hbr-shape-strategy.pdf>

Porter, M. E. (1991) Verso una teoria dinamica della strategia. *Strategic Management Journal.* 12(S2).

Vogliamo sapere da voi!
Lasciate un commento sulla vostra biblioteca online
e condividete i vostri libri preferiti sui social media!

Master ISBN: 9782808064620
ISBN cartaceo: 9782808064910
Deposito legale: D/2022/12603/78

Design digitale: Primento,
il partner digitale degli editori.